6

사랑을 되찾은 프시케

주니어RHK

신화의 가치

신화는 한 민족의 기원이나 역사적 · 종교적 · 문화적 삶의 모습을 보여 주는 옛이야기입니다. 주로 신과 영웅에 관한 이야기가 많고, 오랫동안 입에서 입으로 전해 내려왔다는 특징이 있지요.

우리가 살펴볼 그리스 로마 신화는 고대 그리스와 로마에 전해 오는 신화와 전설을 한데 묶은 것입니다. 그리스 로마 신화는 고대의 삶을 엿보게 해 주는 문화유산일 뿐만 아니라, 세계 여러 나라의 문학과 미술에 큰 영향을 끼쳤습니다. 하지만 문화적 가치만큼이나 중요한 것이 또 있습니다. 오래된 옛이야기이면서도 거기에 담긴 교훈적 가치가 오늘날에도 여전히 쓸모 있고 중요하다는 사실입니다.

놀랍지 않나요? 수천 년 전의 이야기가 어떻게 과학 문명이 고도로 발달한 오늘날에도 통하는 것일까요? 그것은 바로 그리스 로마 신화에 나오는 신과 영웅의 모습이 오늘날 우리의 모습과 다르지 않기 때문입니다. 신들도 우리처럼 분노하고, 질투하고, 실수를 하지요. 그런 모습을 보면서 우리는 깔깔 웃거나 눈물을 흘리고, 교훈과 감동을 얻습니다. 우리가 그리스 로마 신화를 읽어야 하는 까닭이 바로 이것입니다.

신화의 세계로 떠날 여러분에게 한마디 덧붙이자면, 신화는 우리에게 끝없는 상상력을 요구한다는 점입니다. 신화 속에는 수많은 은유와 상징이 곳곳에 널려 있지요. 따라서 신화를 읽을 때에는 상상력을 최대한 발휘하여 신화 속에 숨겨진 의미를 찾고, 그것을 자기 나름대로 재해석하는 과정이 필요합니다. 이렇게 읽었을 때에야 비로소 여러분 앞에 놀라운 삶의 이야기가 펼쳐질 것입니다.

자, 그럼 흥미진진한 신화의 세계 속으로 함께 떠나 볼까요?

아프로디테 여신의 마지막 시험을 통과하기 위해
죽어서나 갈 수 있는 에레보스로 향하는 프시케,
프시케는 온갖 고난과 시련을 극복하고,
페르세포네의 아름다움을 얻어낼 수 있을까요?
과연 사랑하는 에로스를 다시 만날 수 있을까요?

주요 등장인물

프시케

어여쁜 외모로 사람들한테서 많은 사랑을 받아요.
하지만 그것 때문에 아프로디테 여신의 미움을 사요.
페르세포네에게 건네받은 상자를 열고 깊은 잠에 빠지지만,
에로스의 도움으로 잠에서 깨어나요.

에로스

아프로디테의 아들로, 사랑의 신이에요.
신과 인간에게 화살을 쏘아
사랑이나 미움을 싹트게 하는 능력이 있어요.
프시케가 위험에 처할 때마다 도와주고,
제우스의 도움을 받아 마침내 프시케와 결혼해요.

아프로디테

아름다움과 사랑의 여신으로,
올림포스의 여신들 가운데
가장 아름다운 여신으로 꼽혀요.
프시케를 시험하기 위해
인간의 힘으로는 하기 힘든
어려운 일을 시켜요.

페르세포네

데메테르의 딸로, 하데스에게 납치당해
그와 결혼하고 지하 세계의 여왕이 돼요.
아프로디테의 부탁으로 상자에
아름다움을 담아 프시케에게 건네줘요.

1
에레보스로 가는 길

탑 안에서 목소리가 들려왔습니다.

"이 탑 아래로 내려가면 동전 두 개와 빵 두 덩이가 있을 것이다.

그 동전과 빵을 가지고 서쪽으로 가면 된다."

프시케는 에레보스로 가기 위한 방법을 놓고 고민했습니다. 하지만 아무리 생각해도 답은 하나였습니다.

"에레보스로 가는 길은 역시 그것밖에 없어."

프시케는 스스로 목숨을 끊기로 마음먹었습니다. 그리고 끝이 보이지 않는 탑 꼭대기로 올라갔습니다.

탑의 가장 높은 꼭대기에 다다른 프시케는 까마득한 아래를 내려다보며 긴 한숨을 내쉬었습니다. 죽으려고 굳게 마음먹었지만, 막상 뛰어내리려니 발이 떨어지질 않았습니다.

"아, 에로스 님, 당신을 만날 수만 있다면 여기서 뛰어내려 죽더라도 후회하지 않을 거예요."

프시케는 눈을 질끈 감고 탑 꼭대기에서 뛰어내리려고 했습니다.

그때 갑자기 탑 안에서 어떤 소리가 들려왔습니다.

"불쌍한 여인이여, 무슨 사연이 있기에 귀한 목숨을 내던지려 하는가?"

프시케는 깜짝 놀라며 주위를 두리번거렸습니다.

"대체 누구신가요? 저는 한시 바삐 지하 세계로 가야만 해요."

프시케가 대답하자 이번에는 *나무라는 듯한 목소리가 들려왔습니다.

"이제까지 여러 번 신들의 보호를 받은 네가 마지막 순간에는 왜 이리 쉽게 무너지는 것이냐. 혹시 너무 두렵고 겁이 나서 그러는 것이냐?"

"아닙니다. 제 목숨 따위는 중요하지 않습니다. 에로스 님을 만날 수만 있다면 여기서 뛰어내리는 것쯤은 아무것도 아니에요."

프시케는 에로스를 만나고 싶은 간절한 소원을 이야기했습니다.

그러자 다시 탑 안에서 이런 말이 들려왔습니다.

"그렇다면 죽지 않고도 에레보스로 갈 수 있는 방법을 알려 주겠다."

*나무라다 잘못을 꾸짖어 알아듣도록 말하다.

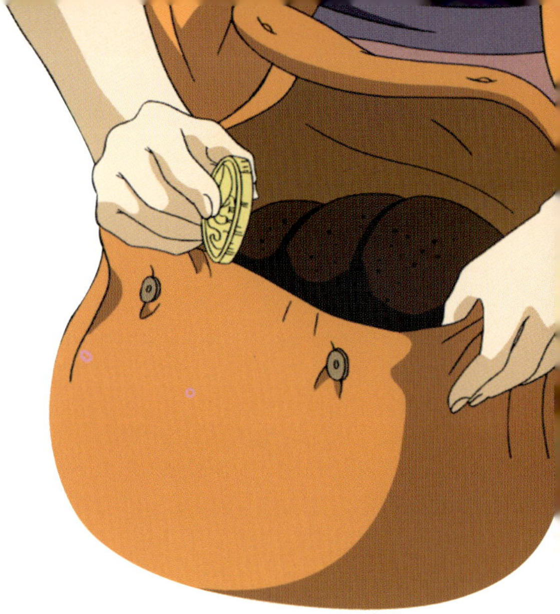

탑 안에서는 계속해서 목소리가 들려왔습니다.

"이 탑 아래로 내려가면 동전 두 개와 빵 두 덩이가 있을 것이다. 그 동전과 빵을 가지고 서쪽으로 가면 된다."

프시케는 얼른 탑 꼭대기에서 내려와 맨 아래층으로 갔습니다. 정말 탑 아래에는 동전 두 개와 빵 두 덩이가 놓여 있었습니다. 탑 안에서 들려오는 목소리는 지하 세계로 가는 동굴을 알려 주면서 암흑의 강을 건너는 법, 머리 셋 달린 개 케르베로스 앞을 지나는 법 등 앞으로 만날 위험에 *대처할 방법들을 자세히 가르쳐 주었습니다. 그리고 마지막으로 이 말을 덧붙였습니다.

"반드시 기억해라. 페르세포네가 상자에 아름다움을 가득 채워 주면 그것을 받아 가지고 오되 절대로 상자를 열어서도, 안을 들여다봐서도 안 된다. 여신들의 아름다움의 비밀을 알려고 해서는 안 되니, 이를 명심하여라."

"예, 알겠습니다. 절대 상자를 열어 보지 않을게요."

프시케는 잔뜩 긴장한 표정으로 시키는 대로 하겠다고 대답했습니다.

*대처하다 어떤 사건에 대해 알맞은 조치를 취하다.

프시케는 곧바로 지하 세계를 찾아 길을 떠났습니다. 서쪽 끝에 다다르자 지하 세계로 이어지는 동굴이 나타났습니다.

"여기가 바로 에레보스로 통하는 동굴인가 보구나."

프시케는 어두컴컴한 동굴 안으로 들어갔습니다.

그런데 동굴 안으로 깊이 들어갈수록 한 치 앞도 보이지 않는 어둠이 점점 더 짙어졌습니다. 그 순간 프시케는 끝을 알 수 없는 어두운 구멍 속으로 미끄러지고 말았습니다.

"아아악!"

프시케는 날카로운 비명을 지르며 동굴 안으로 빨려 들어갔습니다. 정신을 잃고 쓰러져 있던 프시케는 간신히 몸을 일으켜 세웠습니다. 프시케의 눈앞에는 검고 넓은 강이 흐르고 있었습니다.

"여기가 도대체 어디지?"

그때 어두운 강 저편에서 무슨 소리가 들려왔습니다. 프시케는 얼른 소리가 나는 쪽으로 달려갔습니다. 그곳에는 나룻배 한 척이 있었습니다. 나룻배는 프시케가 있는 곳으로 점점 다가왔습니다. 그 배는 죽은 자들을 지하 세계로 안내하는 카론의 배였습니다.

카론은 프시케가 서 있는 강가에 배를 댔습니다.

"카론 님, 제발 이 강을 건너게 해 주세요. 저는 지하 세계로 가서 페르세포네 님을 만나야 한답니다."

프시케가 간절히 부탁했지만, 카론은 버럭 화를 내며 말했습니다.

"산 사람은 이 강을 건널 수 없다는 걸 모르느냐?"

프시케는 몹시 겁이 났지만, 이내 탑 안의 목소리가 알려 준 대로 가지고 있던 동전을 얼른 카론에게 내밀었습니다.

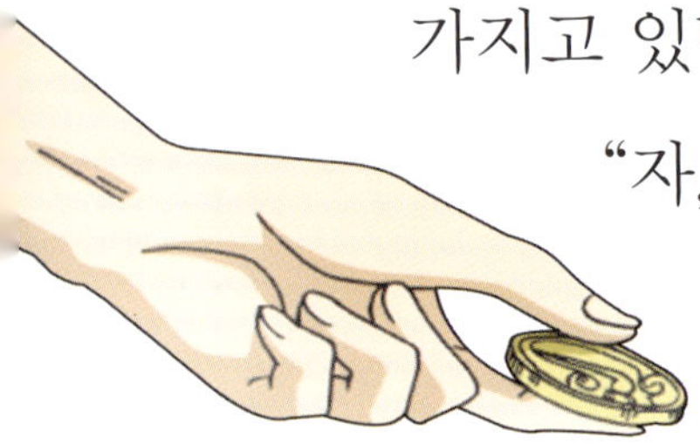

"자, 이 돈을 받고 저를 강 건너편으로 데려다 주세요."

동전을 건네받은 카론이 말했습니다.

"네가 이 강을 무사히 건넌다 해도 지하 세계의 문을 지키는 무시무시한 케르베로스를 통과하기는 어려울 것이다."

"그렇지 않아요. 저는 무슨 일이 있더라도 페르세포네 님을 만날 거예요. 제발 배를 태워 주세요."

결국 카론은 프시케의 부탁을 뿌리치지 못하고 나룻배를 태워 주었습니다.

카론에게 동전을 건네는 프시케

〈카론과 프시케〉 존 로댐 스펜서 스탠호프

암흑의 강에서 뱃사공인 카론을 만난 프시케가 동전을 내밀며 강을 건너게 해 달라고 부탁하고 있어요. 이때 카론이 무엇인가 프시케의 입에 넣어 주고 있어요. 저승의 음식을 먹으면 저승에 속하는 사람이 된다는 이야기를 화가가 표현한 것 같아요.

마침내 프시케는 암흑의 강을 건너 지하 세계에 도착했습니다. 이제는 지하 세계로 통하는 커다란 문을 지날 차례였습니다. 프시케는 문을 향해 조심조심 발걸음을 옮겼습니다.

그때였습니다. 프시케가 몇 발자국을 채 떼기도 전에 엄청나게 크고 사나운 개 케르베로스가 프시케 앞에 떡하니 나타났습니다.

'음, 저게 바로 지하 세계의 문지기 케르베로스구나.'

케르베로스는 날카로운 이빨을 드러내며 사납게 으르렁거렸습니다. 그러고는 프시케를 향해 조금씩 다가왔습니다.

"크르르르릉!"

프시케는 케르베로스에게 밀려 한 발만 더 디디면 강에 빠질 지경이 되었습니다. 케르베로스는 계속 사납게 으르렁대며 프시케를 *위협했습니다.

*위협하다 힘으로 으르고 협박하다.

그때 문득 탑 안의 목소리가 알려준 방법이 떠올랐습니다.

'맞아, 케르베로스한테 빵 한 덩이를 던져 주랬지.'

"크아앙!"

프시케는 사납게 달려드는 케르베로스를 향해 재빨리 가져온 빵 하나를 던졌습니다. 그러자 케르베로스의 머리 세 개가 서로 빵을 차지하려고 다투기 시작했습니다. 프시케는 케르베로스가 정신없이 싸우는 틈을 타 간신히 지하 세계의 문으로 들어갔습니다.

2
페르세포네와의 만남

"아프로디테 님께서 저에게 페르세포네 님의 아름다움을 조금 얻어 이 상자에 담아 오라 하셨습니다."

"나의 아름다움을? 그게 왜 필요한 거지?"

온갖 고생 끝에 지하 세계에 도착한 프시케는 하데스의 궁전으로 갔습니다. 하데스의 하인들은 프시케를 반갑게 맞이하며 아름다운 의자를 내오고 먹음직스러운 음식을 차려 놓았습니다. 하지만 프시케는 그 모든 것을 사양하고 거칠고 딱딱한 빵으로 식사를 대신했습니다. 그런 다음 바로 페르세포네를 만나러 갔습니다.

"페르세포네 님, 저는 아프로디테 님의 심부름을 받고 온 프시케입니다."

“방금 아프로디테의 심부름이라 했느냐?”

페르세포네가 묻자 프시케는 아프로디테한테서 받은 상자를 내밀었습니다.

“아프로디테 님께서 저에게 페르세포네 님의 아름다움을 조금 얻어 이 상자에 담아 오라 하셨습니다.”

"나의 아름다움을? 그게 왜 필요한 거지?"

"예, 아프로디테 님의 아들 에로스 님이 아파 누워 있거든요. 아들을 간호하느라 아프로디테 님이 조금 *수척해졌습니다. 그래서 페르세포네 님의 아름다움이 필요하다 하셨습니다."

"음, 그래. 상자를 내게 다오."

페르세포네는 상자를 열어 자신의 아름다움을 채워 주었습니다.

"여기 아프로디테가 원하는 것을 채웠으니 가지고 돌아가거라."

상자를 건네받은 프시케는 고개 숙여 감사의 인사를 올렸습니다.

"페르세포네 님, 정말 고맙습니다."

프시케는 귀한 상자를 소중히 품에 안고 궁전을 나왔습니다. 그러고는 서둘러 지하 세계를 뒤로 하고 왔던 길을 되돌아가기 시작했습니다.

"아, 이제 곧 에로스 님을 만날 수 있겠구나."

한참을 걷던 프시케는 저 멀리에서 밝은 햇살이 비치는 것을 보았습니다. 지하 세계의 끝이 보이자 프시케는 한없이 기뻤습니다. 눈부신 햇살과 아름다운 초원이 눈앞에 펼쳐지기라도 한 듯 프시케의 마음은 마냥 설레었습니다.

*수척하다 몸이 몹시 야위고 마른 듯하다.

이제 아프로디테한테 상자를 전하는 일만 남았다고 생각하니 긴장이 풀리고 입가에는 미소가 절로 피어났습니다.

'아, 위험한 일은 다 지나갔어. 에로스 님, 조금만 저를 기다려 주세요.'

3
깊은 잠에 빠진 프시케

프시케는 이러지도 저러지도 못하고 갈팡질팡하며 고민에 빠졌습니다.

"하지만 난 에로스 님에게 아름답게 보이고 싶어.

그래야 그분이 날 사랑해 주실 거야."

마침내 프시케는 지하 세계를 벗어났습니다. 아프로디테에게 빨리 상자를 건네고 싶은 마음에 프시케의 발걸음은 점점 빨라졌습니다. 그런데 문득 프시케는 상자 속에 든 것이 무엇인지 궁금해졌습니다.

'이 상자에는 도대체 무엇이 들어 있는 걸까?'

하지만 절대로 상자를 열어 보지 말라는 탑 안의 목소리가 떠올라 호기심을 꾹 눌렀습니다.

"이것만 아프로디테 님께 갖다 드리면 에로스 님을 만날 수 있어."

하지만 기쁨도 잠시, 아프로디테의 신전이 가까워지자 프시케는 이런저런 걱정에 휩싸였습니다.

"그런데 만약 에로스 님이 날 용서해 주지 않으면 어떡하지? 내가 그분의 사랑을 의심하고 약속을 어겨서 더 이상 나를 사랑하지 않을지도 몰라."

그런 걱정을 하며 상자를 내려다보던 프시케는 상자에 비친 자신의 모습을 보고 깜짝 놀랐습니다. 지금껏 겪은 고생 때문인지 얼굴이 많이 *상해 있었던 것입니다.

"이런, 얼굴이 엉망이잖아. 이런 모습으로 에로스 님을 만날 수는 없어."

프시케는 상자를 열고 그 안의 아름다움을 아주 조금만 발라 보고 싶어 견딜 수가 없었습니다.

*상하다 몸이 여위어 축이 나다.

“지하 세계까지 내려가 심부름을 했는데, 상자 안의 아름다움을 조금 찍어 바른다고 큰 죄가 되지는 않겠지? 이 상자 속에 든 아름다움을 조금만 빌리면 에로스 님에게 예쁘게 보일 수 있을 텐데…….”

하지만 곧 프시케는 고개를 절레절레 흔들었습니다.

‘안 돼! 내가 지금 무슨 생각을 하는 거지? 절대로 상자를 열어선 안 된다고 했잖아.’

프시케는 이러지도 저러지도 못하고 *갈팡질팡하며 고민에 빠졌습니다.

‘하지만 난 에로스 님에게 아름답게 보이고 싶어. 그래야 그분이 날 사랑해 주실 거야.’

한참을 망설이던 프시케는 결국 상자를 열어 페르세포네의 아름다움을 조금 빌리기로 마음먹었습니다.

“페르세포네 님이 채워 주신 아름다움은 어떤 것일까?”

프시케는 떨리는 손으로 상자 뚜껑을 조심스럽게 열었습니다.

*갈팡질팡하다 갈피를 잡지 못하고 이리저리 헤매다.

그런데 페르세포네가 준 상자 안에는 아름다움은 없고 오직 지하 세계의 깊은 잠만 가득 들어 있었습니다. 상자 안에 갇혀 있던 잠은 순식간에 빠져나와 프시케를 휘감았습니다.

"아!"

프시케는 풀밭에 털썩 쓰러졌습니다. 그리고 곧바로 깊은 잠에 빠져들었습니다. 지하 세계의 잠에 빠지면 움직이는 것은 물론, 볼 수도 들을 수도 없었습니다. 프시케는 마치 죽은 사람처럼 깊은 잠에 빠져 숨만 내쉴 뿐이었습니다.

호기심을 참지 못한 프시케

〈상자를 열어 보는 프시케〉 존 윌리엄 워터하우스

호기심 많은 프시케가 절대 열어서는 안 되는 상자의 뚜껑을 열고 안을 들여다보고 있어요. 조심스레 상자 뚜껑을 여는 프시케의 모습에서 긴장감이 느껴져요. 프시케 발아래에는 양귀비꽃이 그려져 있는데, 이것은 '잠'을 나타내는 꽃이랍니다.

프시케가 쓰러져 잠들어 있는 동안 에로스는 *병상에서 일어났습니다. 에로스는 건강을 회복할수록 프시케에 대한 사랑도 되살아나는 것을 느꼈습니다. 그러던 어느 날 밤, 에로스는 프시케가 그리워 잠을 이루지 못했습니다.

"아, 사랑하는 프시케, 당신은 어디서 무얼 하고 있나요?"

에로스는 더 이상 참지 못하고 자리에서 벌떡 일어났습니다.

"아무래도 안 되겠어. 프시케를 만나러 가야겠다."

나갈 곳을 찾으려고 방안을 찬찬히 둘러보던 에로스는 창문에 작은 틈이 난 것을 발견했습니다.

"그래, 저 틈으로 나가는 거야."

에로스는 몰래 밖으로 빠져나와 훨훨 날아오르기 시작했습니다.

*병상 병든 사람이 눕는 침상.

4
다시 만난 에로스와 프시케

"프시케, 눈 좀 떠 봐요."

에로스는 프시케를 계속 흔들었습니다.

하지만 프시케는 꼼짝도 하지 않았습니다.

에로스는 하늘을 날면서 열심히 프시케를 찾았습니다. 푸른 들판을 지나고 강물도 지났지만, 사랑하는 아내 프시케의 모습은 좀처럼 찾을 수가 없었습니다.

"오, 프시케, 당신은 도대체 어디 있나요?"

에로스는 그리운 아내 프시케를 애타게 찾으며 더 힘차게 날갯짓을 했습니다. 퍼덕이는 에로스의 날개가 물결처럼 일렁거렸습니다. 그때였습니다. 들판을 내려다보던 에로스는 풀밭에 누군가 쓰러져 있는 것을 보았습니다.

"아니, 들판에 쓰러져 있는 저 사람은 누구지?"

에로스는 한 여인을 발견하고는 곧장 아래로 내려갔습니다.

에로스는 쓰러져 있는 여인의 얼굴을 들여다보았습니다.

그 여인은 바로 에로스가 그토록 찾아 헤매던 프시케였습니다.

에로스는 프시케를 안아 세웠습니다.

"프시케! 프시케! 일어나 봐요."

그러나 프시케는 꼼짝도 하지 않았습니다.

"프시케, 눈 좀 떠 봐요."

에로스는 프시케를 계속 흔들었습니다. 하지만 프시케는 마치 죽은 사람처럼 눈을 뜨지 못했습니다. 이상한 느낌이 든 에로스는 주변을 샅샅이 살펴보았습니다. 그 순간 에로스의 눈에 뚜껑이 활짝 열린 상자가 들어왔습니다.

"아니, 저건 어머니가 프시케한테 심부름을 시키며 주었던 바로 그 상자가 틀림없는데……. 그렇다면 프시케가 지하 세계의 깊은 잠에 빠졌단 말인가?"

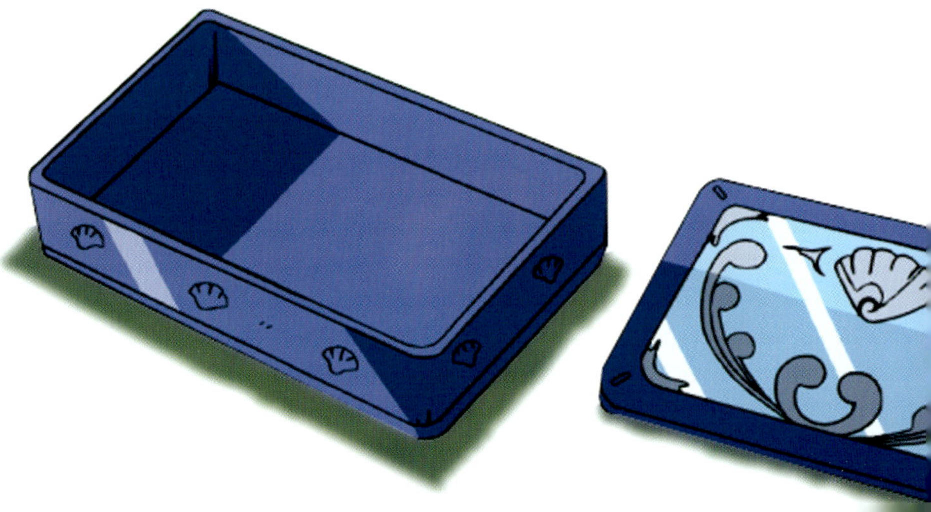

에로스는 황급히 프시케에게서 지하 세계의 잠을 거두어들였습니다. 그리고 원래대로 빠짐없이 상자 안에 담았습니다. 그런 다음, 어깨에 메고 있던 화살통에서 화살을 꺼내 뾰족한 끝으로 프시케를 살짝 건드렸습니다. 그러자 신기하게도 죽은 사람처럼 누워 있던 프시케가 잠에서 깨어났습니다.

"에, 에로스 님?"

그제야 눈을 뜬 프시케는 에로스를 보고 깜짝 놀랐습니다.

"혹시 제가 꿈을 꾸고 있는 건가요?"

프시케는 눈앞에 에로스가 있다는 것이 믿어지지 않았습니다.

"프시케! 이건 꿈이 아니에요."

아름답고 감미로운 에로스의 목소리에 프시케는 정신이 번쩍 들었습니다. 프시케는 에로스의 따뜻한 품으로 파고들었습니다. 프시케의 눈에서는 뜨거운 눈물이 흘러내렸습니다.

"보고 싶었어요, 에로스 님! 당신의 사랑을 의심하고 약속까지 어긴 저를 용서해 주세요. 제가 너무 어리석었어요."

프시케를 깨우는 에로스

〈에로스와 프시케〉 앤서니 반 다이크

프시케를 찾아 나선 에로스가 지하 세계의 깊은 잠에 빠진 프시케를 발견하고 깨우려 하고 있어요.

"당신은 이번에도 그 호기심 때문에 목숨을 잃을 뻔했군요."

"맞아요. 제가 또 호기심을 억누르지 못하고……. 그런데 이제 어쩌면 좋죠? 아프로디테 님의 심부름을 마쳐야 하는데, 상자를 열고 말았으니. 아프로디테 님이 이 사실을 알면 크게 *노여워하실 거예요."

"그건 걱정 말아요. 뒷일은 내가 알아서 할 테니, 당신은 이 상자를 가지고 어머니께 가서 심부름을 완수하도록 해요."

에로스는 프시케에게 지하 세계의 잠이 담긴 상자를 건네주었습니다.

*노여워하다 화가 치밀 만큼 분해 하거나 섭섭해 하다.

5
축복받은 결혼

"프시케, 드디어 어머니께서 우리 결혼을 허락하셨어요."

"네, 저도 엄청나게 기뻐서 믿어지지가 않아요. 이게 꿈은 아니겠죠?"

에로스는 프시케를 보내고 나서 번개처럼 빠르게 날아올랐습니다. 올림포스에 있는 제우스를 만나기 위해서였습니다. 에로스는 제우스 앞에 나아가 간절히 부탁했습니다.

"제우스 님, 저는 프시케를 진심으로 사랑합니다. 하지만 어머니께서는 프시케를 미워하십니다. 제발 저를 도와주십시오."

에로스의 말을 귀 기울여 듣던 제우스가 무겁게 입을 열었습니다.

"내가 볼 때 네 어머니인 아프로디테의 노여움은 쉽게 누그러질 것 같지가 않구나."

"저도 압니다. 그러니 제우스 님께서 나서 주셔야 합니다. 부디 저와 프시케가 결혼할 수 있도록 어머니를 설득해 주세요."

에로스가 진정으로 프시케를 사랑하고 있다는 것을 느낀 제우스는 그의 *간청을 들어 주기로 결정했습니다. 그래서 바로 아프로디테를 찾아갔습니다.

*간청 간절히 청함. 또는 그런 청.

에로스와 프시케

〈에로스의 키스로 되살아난 프시케〉 안토니오 카노바

에로스가 잠든 프시케를 깨워 살려 낸 뒤, 뜨거운 포옹을 하는 모습을 표현한 조각상이에요. 힘겨운 난관을 이겨내고 드디어 만나게 된 에로스와 프시케의 모습이 보는 이로 하여금 애절한 느낌이 들게 해요.

"아프로디테, 이제 그만 프시케를 용서하고 서로 사랑하는 저 연인을 결혼시켜 줍시다."

제우스의 말에 아프로디테가 버럭 화를 내며 대답했습니다.

"프시케를 용서하라고요? 저 어리석은 계집아이 때문에

제 신전이 버림받은 걸 모르세요? 사람들은 아름다움의 여신인 저를 제쳐 두고, 한낱 인간에 지나지 않는 프시케를 찬양했다고요."

"하지만 이제 사람들이 다시 당신에게로 돌아와 사랑과 존경을 보내고 있지 않소."

제우스는 물론이고 올림포스의 모든 신들이 나서서 아프로디테를 설득했습니다.

"저렇게도 서로를 사랑하고 있는데, 이제 그만 그 둘을 용서하고 맺어 줍시다."

헤라 여신이 흐뭇한 미소를 지으며 말했습니다. 헤르메스도 거들고 나섰습니다. 그러자 차갑던 아프로디테의 마음도 조금씩 움직이기 시작했습니다.

"좋아요. 에로스와 프시케의 결혼을 허락하겠어요."

드디어 아프로디테가 두 사람의 결혼을 허락하자 올림포스의 신들은 크게 기뻐했습니다.

"아프로디테, 잘 생각했소. 그럼 이제 프시케를 우리처럼 신으로 만들어서 영원히 에로스와 살도록 해 줍시다."

제우스는 헤르메스를 보내 프시케를 데려오라고 시켰습니다. 헤르메스는 재빨리 프시케에게 날아갔습니다.

"프시케, 제우스 님께서 당신을 신들의 회의에 초대하셨어요."

"예? 아프로디테 님도 아시는 일인가요?"

"물론이죠. 아프로디테 님이 당신과 에로스의 결혼을 허락하신 걸요."

프시케는 헤르메스의 말을 듣고 기쁨의 눈물을 흘렸습니다. 그리고 헤르메스를 따라 올림포스로 갔습니다. 올림포스 신들은 프시케를 반갑게 맞아 주었습니다.

에로스의 기쁨은 이루 말할 수 없었습니다. 에로스는 *한달음에 달려 나와 프시케를 끌어안았습니다.

"프시케, 드디어 어머니께서 우리 결혼을 허락하셨어요."

"예, 저도 엄청나게 기뻐서 믿어지지가 않아요. 이게 꿈은 아니겠죠?"

제우스가 에로스와 프시케에게 다가와 말을 건넸습니다.

"둘의 결혼을 진심으로 축하하네."

"제우스 님, 고맙습니다. 정말 고맙습니다."

제우스는 프시케에게 마시면 늙지도 않고 죽지도 않는 암브로시아를 주었습니다.

"프시케, 이걸 마시고 영원히 죽지 않는 신이 되어라."

그리고 에로스를 쳐다보며 말했습니다.

"에로스는 이 인연을 끊지 못할 것이며, 이 결혼은 영원하리라!"

이리하여 암브로시아를 마신 프시케는 여신이 되었고, 에로스와 프시케는 부부가 되었습니다. 이윽고 둘 사이에서 '기쁨'이라는 어여쁜 딸이 태어났고, 에로스와 프시케는 영원히 사랑하며 행복하게 살았답니다.

*__한달음__ 중간에 쉬지 않고 한 번에 달려감.

신들의 음식, 암브로시아

그리스 신화에 나오는 신들만이 먹을 수 있는 음식으로, 꿀과 물, 과일, 올리브유 등으로 만들어졌다고 해요. 맛도 꿀보다 달고 매우 향기로운 음식이라고 전해지지요. 신들이 죽지 않고 영원토록 살 수 있는 것은 바로 이 신기한 음식 덕분이랍니다. 제우스의 아들인 탄탈로스가 올림포스에 초대되어 식사를 하다가 암브로시아를 훔치는 바람에 큰 벌을 받았다는 이야기도 있지요.

성대한 에로스와 프시케의 결혼

〈에로스와 프시케의 결혼식〉 요아힘 우테웰

아프로디테의 허락을 받은 에로스와 프시케가 결혼하는 모습을 그린 그림이에요. 올림포스 신들의 축하 속에 열린 결혼식 장면이 매우 성대하고 아름다워 보여요.

신화 OLYMPUS GUARDIAN 뒷이야기

프시케는 한 왕국의 아름다운 공주로 태어나 빼어난 외모 덕분에 신만이 누릴 수 있는 칭찬과 찬양을 받았습니다. 그로 인해 아프로디테 여신의 미움을 받게 되지만, 에로스와 만나 사랑에 빠집니다.

프시케의 이름에는 '나비' 라는 의미와 '영혼', '마음', '정신' 이라는 의미가 담겨 있습니다. 보통 나비를 떠올리면 애벌레에서 번데기를 거쳐 나비로 변신하는 과정을 생각하게 됩니다. 그리고 프시케의 삶이 나비의 변화 과정과 많이 닮아 있음을 알 수 있습니다.

먼저, 꿈틀거리며 기어 다니는 어린 애벌레의 모습에서 지나친 호기심 때문에 잘못을 저지르는 프시케의 성숙하지 못한 모습을 보게 됩니다. 또한 꼼짝도 못 하고 견뎌야 하는 번데기의 어두운 시절은 떠나 버린 에로스를 찾으면서 겪게 되는 모진 시련과 인내의 시간을 의미한다고 할 수 있습니다. 마지막으로 아름다운 날

개를 가진 나비로 탈바꿈하는 모습에서는 마침내 에로스를 만나 사랑을 이루고 여신이 된 프시케를 떠올릴 수 있습니다. 한 인간이 여신으로 거듭났다는 것은 결국 영혼의 수준이 한 단계 높아졌다는 의미이기도 하지요.

옛날 그리스 인들은 '나비'를 사라지지 않는 영혼의 상징으로 보았다고 합니다.

결국 프시케는 온갖 고난을 겪으며 성숙하고, 에로스와 사랑을 나누며 신의 경지에까지 이르러 영원토록 살게 됩니다. 순수하고 정결한 사랑을 통해 다시 태어난 프시케가 에로스와 함께 영원히 행복을 누리게 되지요. 이러한 프시케의 이야기는 우리에게도 따뜻하고 깊은 사랑을 나누라고 조언하는 것 같습니다.

올림포스 신들의 계보

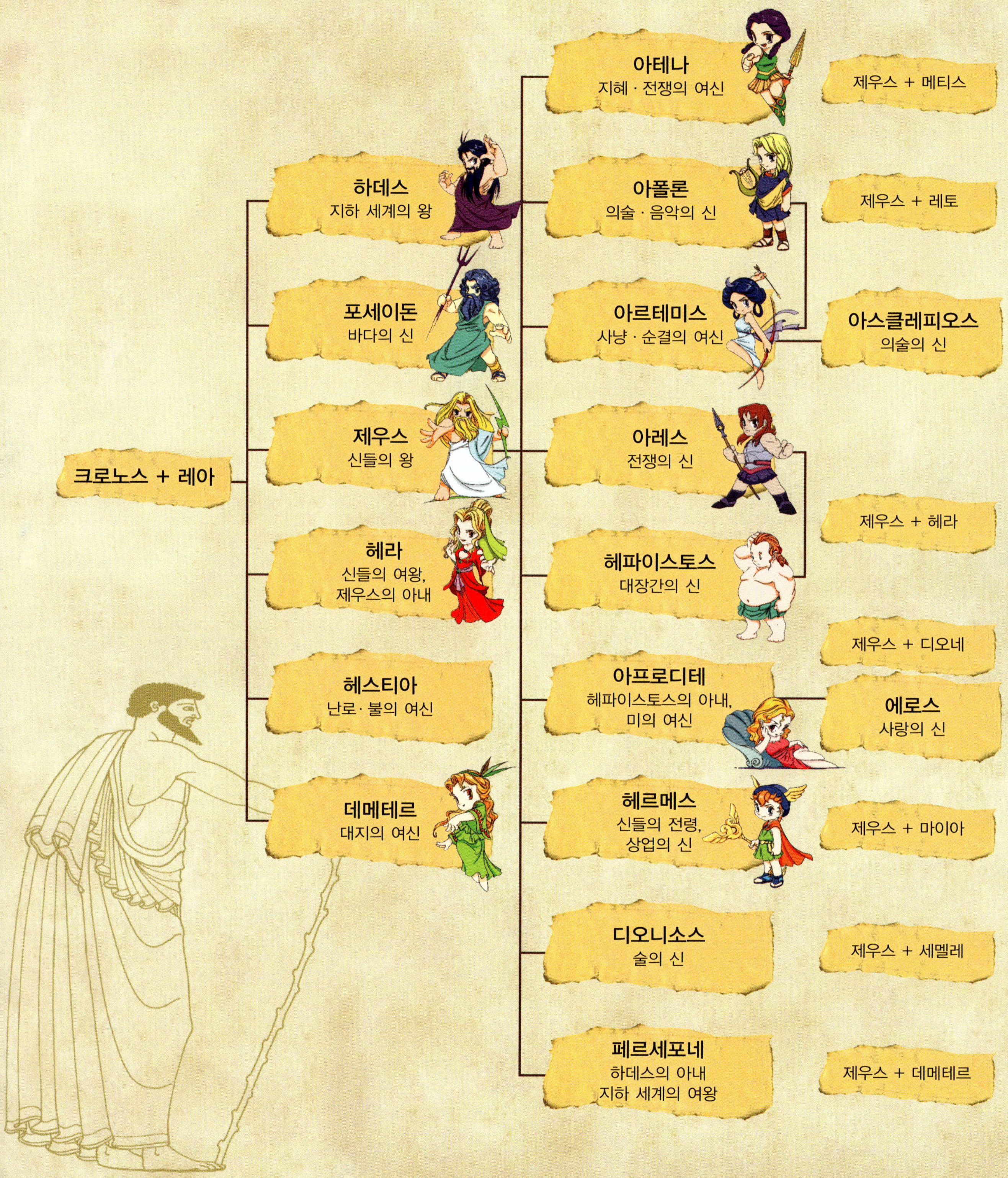
크로노스 + 레아
하데스
지하 세계의 왕
포세이돈
바다의 신
제우스
신들의 왕
헤라
신들의 여왕,
제우스의 아내
헤스티아
난로 · 불의 여신
데메테르
대지의 여신
아테나
지혜 · 전쟁의 여신
제우스 + 메티스
아폴론
의술 · 음악의 신
제우스 + 레토
아르테미스
사냥 · 순결의 여신
아스클레피오스
의술의 신
아레스
전쟁의 신
제우스 + 헤라
헤파이스토스
대장간의 신
제우스 + 디오네
아프로디테
헤파이스토스의 아내,
미의 여신
에로스
사랑의 신
헤르메스
신들의 전령,
상업의 신
제우스 + 마이아
디오니소스
술의 신
제우스 + 세멜레
페르세포네
하데스의 아내
지하 세계의 여왕
제우스 + 데메테르

⚜ 그리스 로마 신화 주요 인물의 이름 ⚜

그리스 어	로마 어	영어
가이아	텔루스	
니케	빅토리아	나이키, 빅토리
데메테르	케레스	세레스
디오니소스	바쿠스	바커스
레아	키벨레	시벨레
아레스	마르스	마스
아르테미스	디아나	다이애나
아테나	아테네, 미네르바	
아폴론	아폴로	아폴로
아프로디테	베누스	비너스
에로스	쿠피드, 아모르	큐피드
오디세우스	울릭세스	율리시스
우라노스	카일루스	유러너스
제우스	유피테르	주피터
크로노스	사투르누스	새턴
페르세포네	프로세르피나	
포세이돈	넵투누스	넵튠
하데스	플루톤	플루토
헤라	유노	주노
헤라클레스	헤르쿨레스	허큘리스
헤르메스	메르쿠리우스	머큐리
헤스티아	베스타	
헤파이스토스	불카누스	벌컨

그리스 로마 신화 올림포스 가디언 6

사랑을 되찾은 프시케

펴낸이 양원석
펴낸곳 (주)알에이치코리아
등록 2004년 1월 15일 제2-3726호
주소 서울특별시 금천구 가산디지털2로 53, 20층 (한라시그마밸리)
문의전화 02)6443-8800

ISBN 978-89-255-4445-8(74800)
ISBN 978-89-255-4354-3(세트)

값 **12,800원**

원작 만화로 보는 그리스 로마 신화(가나출판사)
이광진 엮음, 홍은영 그림
명화 구입처 유로크레온(주)

※잘못된 책은 구입하신 곳에서 바꾸어 드립니다.
※책 모서리가 날카로워 다칠 수 있으니 사람을 향해 던지거나 떨어뜨리지 마십시오.